CACHORROS DE rottweiler

David y Patricia Armentrout
Traducción de Sophia Barba-Heredia

Un libro de El Semillero de Crabtree

ÍNDICE

CRABTREE
Publishing Company
www.crabtreebooks.com

T0021075

Apoyos de la escuela a los hogares para cuidadores y maestros

Este libro ayuda a los niños en su desarrollo al permitirles practicar la lectura. Abajo están algunas preguntas guía para ayudar al lector a fortalecer sus habilidades de comprensión. En rojo hay algunas opciones de respuesta.

Antes de leer:

• ¿De qué pienso que tratará este libro?
  • *Pienso que este libro es sobre cachorros de rottweiler.*
  • *Pienso que este libro me ayudará a decidir si quiero un cachorro de rottweiler.*

• ¿Qué quiero aprender sobre este tema?
  • *Quiero aprender si los rottweilers son amigables.*
  • *Quiero aprender si los rottweilers pueden nadar.*

Durante la lectura:

• Me pregunto por qué...
  • *Me pregunto por qué las mamás rottweiler tienen tantos cachorros a la vez.*
  • *Me pregunto por qué los cachorros de rottweiler necesitan entrenamiento social temprano.*

• ¿Qué he aprendido hasta ahora?
  • *Aprendí que los cachorros de rottweiler empiezan a comer comida sólida a las seis semanas de edad.*
  • *Aprendí que los cachorros de rottweiler tienen pelaje negro con manchas tostadas o marrón.*

Después de leer:

• ¿Qué detalles aprendí de este tema?
  • *Aprendí que proteger a su familia humana está en la naturaleza de un rottweiler.*
  • *Aprendí que el entrenamiento ayuda a los cachorros rottweiler a crecer bien educados.*
• Lee el libro una vez más y busca las palabras del vocabulario.
  • *Veo la palabra **marrón** en la página 7 y la palabra **sólida** en la página 11. Las demás palabras del glosario están en las páginas 22 y 23.*

Cachorros de rottweiler

¡Los cachorros de rottweiler son difíciles de resistir!

Tienen orejas suaves
y negras que se
doblan hacia abajo.

Su **pelaje** es negro con manchas tostadas o **marrón**.

Las mamás rottweiler
pueden tener ocho
o más cachorros al
mismo tiempo.

Los cachorros comienzan a comer comida **sólida** a las seis semanas de edad.

Los rottweiler necesitan entrenamiento **social** temprano.

El entrenamiento los ayuda a crecer **bien educados**.

A la mayoría de los rottweiler les gusta estar con la gente.

Proteger a su familia humana es su **naturaleza**.

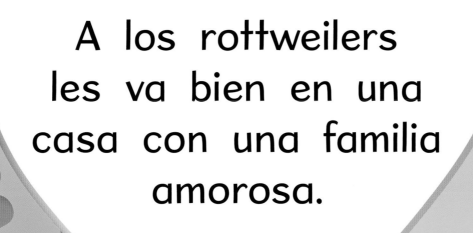

A los rottweilers les va bien en una casa con una familia amorosa.

Glosario

bien educados: Los perros bien educados actúan de forma amable o correcta.

marrón: Marrón es un color café rojizo.

naturaleza: La naturaleza de un perro es la forma usual en la que se comporta.

pelaje: El pelaje es el suave y denso pelo o abrigo de un animal.

social: Social significa estar con y en relación a las personas y grupos.

sólida: La comida sólida es firme o dura. No es acuosa como un líquido.

Índice analítico

Sobre los autores

David y Patricia Armentrout

David y Patricia pasan todo el tiempo que pueden jugando con Gimli, Artie y Scarlett y cuidándolos. Son sus tres queridos perros de familia.

Sitios Web (páginas en inglés):

www.akc.org/dog-breeds/best-dogs-for-kids

www.goodhousekeeping.com/life/pets/g5138/best-family-dogs

CRABTREE
Publishing Company

Written by: David and Patricia Armentrout

Designed by: Jennifer Dydyk

Editor: Kelli Hicks

Proofreader: Crystal Sikkens

Translation to Spanish: Sophia Barba-Heredia

Spanish-language layout and proofread: Base Tres

Print and production coordinator: Katherine Berti

Photographs: Cover: photo shutterstock.com/Jagodka. background art shutterstock.com/ Dreamzdesigners. Title Page: ©shutterstock. com/Vera Zinkova. Pages 2-3: ©istock.com/coja1108. Pages 4-5 ©is-tock.com/mweirauch. Pages 6-7: ©shutterstock.com/Jagodka. Pages 8-9: ©shutterstock.com/Stephen Coburn. Pages 10-11: ©shutterstock. com/EvGavrilov. Pages 12-13: ©shutterstock.com/bogdanhoda. Pages 14-15: ©shutterstock.com/Rita_Kochmarjova. Pages 16-17: ©shutter-stock.com/Anna Tronova. Pages 18-19: ©shutterstock.com/Serova_ Ekaterina. Pages 20-21: ©shutterstock.com/Tetiana Kovbasovska.

Library and Archives Canada Cataloguing in Publication

Title: Cachorros de rottweiler / David y Patricia Armentrout ; traducción de Sophia Barba-Heredia.

Other titles: Rottweiler puppies. Spanish

Names: Armentrout, David, 1962- author. | Armentrout, Patricia, 1960- author. | Barba-Heredia, Sophia, translator.

Description: Series statement: Cachorros amigos | Translation of: Rottweiler puppies. | Includes index. | "Un libro de el semillero de Crabtree". | Text in Spanish.

Identifiers: Canadiana (print) 20210246618 |
    Canadiana (ebook) 20210246634 |
    ISBN 9781039619975 (hardcover) |
    ISBN 9781039620032 (softcover) |
    ISBN 9781039620094 (HTML) |
    ISBN 9781039620155 (EPUB) |
    ISBN 9781039620216 (read-along ebook)

Subjects: LCSH: Rottweiler dog—Juvenile literature. | LCSH: Puppies—Juvenile literature.

Classification: LCC SF429.R7 A7618 2022 | DDC j636.73—dc23

Library of Congress Cataloging-in-Publication Data

Names: Armentrout, David, 1962- author. | Armentrout, Patricia, 1960- author.

Title: Cachorros de rottweiler / David y Patricia Armentrout ; traducción de Sophia Barba-Heredia.

Other titles: Rottweiler puppies. Spanish

Description: New York, NY : Crabtree Publishing, [2022] | Series: Cachorros amigos - un libro el semillero de Crabtree | Includes index.

Identifiers: LCCN 2021027936 (print) |
    LCCN 2021027937 (ebook) |
    ISBN 9781039619975 (hardcover) |
    ISBN 9781039620032 (paperback) |
    ISBN 9781039620094 (ebook) |
    ISBN 9781039620155 (epub) |
    ISBN 9781039620216

Subjects: LCSH: Rottweiler dog--Juvenile literature. | Puppies--Juvenile literature.

Classification: LCC SF429.R7 A7518 2022 (print) | LCC SF429.R7 (ebook) |
    DDC 636.73--dc23

LC record available at https://lccn.loc.gov/2021027936

LC ebook record available at https://lccn.loc.gov/2021027937

Crabtree Publishing Company

www.crabtreebooks.com   1-800-387-7650

Published in the United States
Crabtree Publishing
347 Fifth Avenue, Suite 1402-145
New York, NY, 10016

Published in Canada
Crabtree Publishing
616 Welland Ave.
St. Catharines, Ontario L2M 5V6

Printed in the U.S.A./092021/CG20210616